VENTE POUR CESSATION DE COMMERCE

HOTEL DROUOT, SALLE N° 1

Les Vendredi 28 et Samedi 29 Avril 1893

A DEUX HEURES ET DEMIE

TRÈS BEAUX

MOBILIERS D'ART

STYLES

Gothique, Renaissance, Louis XIV, Louis XV et Louis XVI

INSPIRÉS DES CARTONS DE

Jean Goujon, Ducerceau, Delafosse, Boule, Brizart, Jacob, etc.

RICHES TENTURES, BRODERIES, TAPIS

TABLEAU DE PRUD'HON

EXPOSITION PUBLIQUE

Le Jeudi 27 Avril 1893, de 2 heures à 6 heures

Mᵉ Henri LECHAT
COMMISSAIRE-PRISEUR
Rue Baudin, 6 (Square Montholon)

M. A. BLOCHE
EXPERT PRÈS LA COUR D'APPEL
Rue de Châteaudun, 25

CHEZ LESQUELS ON TROUVE LE PRÉSENT CATALOGUE

PARIS — 1893

IMPRIMERIE MAULDE ET RENOU

———

A. MAULDE & Cie

IMPRIMEURS DE LA COMPAGNIE DES COMMISSAIRES-PRISEURS

Rue de Rivoli, 144. — Paris

CATALOGUE

TRÈS BEAUX

MOBILIERS D'ART

Styles Gothique, Renaissance, Louis XIV, Louis XV et Louis XVI

INSPIRÉS DES CARTONS DE

**JEAN GOUJON, DUCERCEAU, DELAFOSSE, BOULE
BRIZART, JACOB, etc.**

Salles à manger, Chambres à coucher, Salons, Cabinets de travail
Bureaux, Crédences, Bahuts, Tables, Vitrines

EN BOIS DE LUXE SCULPTÉ ET ORNÉS DE BRONZES

MAGNIFIQUE ARMOIRE A GLACE A TROIS PORTES, AVEC PEINTURES

D'après LANCRET

RICHES TENTURES, BRODERIES, TAPIS

Boiseries, Paravents. Sièges de toutes formes, Chaises longues
Marquises, Bergères, Fauteuils

IMPORTANT TABLEAU DE PRUD'HON

DONT LA VENTE AURA LIEU

POUR CESSATION DE COMMERCE

En vertu d'un jugement du Tribunal de Commerce de la Seine, en date
du 19 Avril 1893, enregistré

HOTEL DROUOT, SALLE N° 1

Les Vendredi 28 et Samedi 29 Avril 1893

A DEUX HEURES ET DEMIE

Mᵉ Henri LECHAT	**M. A. BLOCHE**
COMMISSAIRE-PRISEUR	EXPERT PRÈS LA COUR D'APPEL
Rue Baudin, 6 (Square Montholon)	Rue de Châteaudun, 25

CHEZ LESQUELS ON TROUVE LE PRÉSENT CATALOGUE

EXPOSITION PUBLIQUE

Le Jeudi 27 Avril 1893, de deux heures à six heures

PARIS — 1893

CONDITIONS DE LA VENTE

—

Elle sera faite au comptant.

Les Acquéreurs paieront CINQ POUR CENT en sus des enchères.

A. MAULDE et Cⁱᵉ, imprimeurs de la Compagnie des Commissaires-Priseurs,
rue de Rivoli, 144   600—32860

DÉSIGNATION

SALLES A MANGER

1 — Très important Ameublement de salle à manger en noyer sculpté de grand style gothique, composé :

D'un Buffet crédence ;

Une Cheminée monumentale ;

Une Boiserie avec panneaux en cuirs ;

Une Corniche divisée en trois parties.

(Sera divisé.)

2 — Beau Buffet en noyer sculpté à deux corps et quatre portes. Style Renaissance.

3 — Joli Buffet formant bibliothèque à deux corps et à quatre portes. Style Louis XIII.

4 — Joli Ameublement de salle à manger en chêne sculpté et teinté poli, style Renaissance, composé :

D'une Étagère-Crédence ;

Une Table carrée à cinq rallonges ;

Six Chaises recouvertes de cuir niellé.

CHAMBRES A COUCHER

5 — Très bel Ameublement de chambre à coucher en bois de citronnier, de style Louis XVI, composé :

D'un Lit de milieu à panneaux garnis d'étoffe ancienne ;

Une Armoire à glace à fronton ;

Une Tenture de lit à baldaquin forme dôme, avec rideau en lampas broché bleu, une courtepointe à traversin en satin bleu.

6 — Bel Ameublement de chambre à coucher en noyer sculpté de style Louis XIV, composé de : un Lit de milieu et une Armoire à glace.

7 — Bel Ameublement de chambre à coucher en bois de violette et amarante de style Louis XIV, composé de : un Lit de milieu, une Armoire à glace et une Table de nuit forme rognon.

8 — Ameublement de chambre à coucher en noyer sculpté de style Louis XV, composé de : un Lit de milieu et une Armoire à glace à pieds de biches.

9 — Bel Ameublement de chambre à coucher en poirier sculpté, style Henri II, composé de : un Lit de milieu, une Armoire à glace et une Table de nuit.

10 — Ameublement de chambre à coucher en noyer sculpté, style Henri II, composé de : un Lit de milieu, une Armoire à glace et une Table de nuit.

11 — Ameublement de chambre à coucher en palissandre ciré et sculpté, de style Louis XVI, d'après les cartons de DELAFOSSE, composé d'une Armoire à glace, un Lit de milieu et une Table de nuit.

12 — Ameublement de chambre à coucher en palissandre frisé, de style Louis XVI, composé d'une Armoire à glace à colonnes avec fronton à écusson, un Lit de milieu et une Table de nuit.

13 — Ameublement de chambre à coucher en noyer sculpté, style Henri II, composé d'une Armoire à glace à galerie, un Lit de milieu et une Table de nuit.

MEUBLES DIVERS DE STYLE

14 — Très belle Armoire en noyer finement sculpté à trois portes, celles de côté cintrées avec jolies peintures en vernis Martin, à sujets champêtres, allégories aux fleurs et aux fruits, d'après Lancret ; la porte de milieu garnie d'une glace. Style Louis XV.

15 — Beau Bahut médailler à deux corps en poirier, style Renaissance, inspiré de DUCERCEAU. L'intérieur et les casiers sont en bois des îles et d'ébène avec incrustations d'ivoire.

16 — Jolie Crédence Henri II, en noyer sculpté, à deux corps avec colonnes s'ouvrant à portes pleines et représentant des sujets en bas-relief dans le goût des compositions de DUCERCEAU.

17 — Bahut en noyer sculpté à deux corps ouvrant à cinq portes. Style Renaissance.

18 — Vaisselier à voussure et à deux corps. Style Henri II.

19 — Beau Meuble à deux corps, le haut à galerie et le bas formant vaisselier. Les tablettes et les tiroirs sont garnis de chamois. Style Henri II.

20 — Table de salon en ébène et marqueterie d'étain et de cuivre avec incrustations de lapis lazulli. Style Renaissance.

21 — Bahut de même genre et de même style. Dessus en marbre.

22 — Beau Bahut orné de marqueterie de bois de violette, garni de bronzes dorés. Style Louis XVI.

23 — Bahut Louis XIV, en bois noir et garni de cuivre.

24 — Console en noyer sculpté rehaussé d'or. Style Louis XIV.

25 — Bahut Louis XIV, en bois noir et garni de cuivres.

26 — Table de salon en poirier sculpté. Style Louis XVI.

27 — Table de salon Louis XIV en noyer sculpté.

28 — Console Louis XIV en noyer sculpté.

29 — Table de bureau en ébène garnie de bronzes. Style Louis XIV.

30 — Très jolie Vitrine en acajou garnie de bronzes dorés, intérieur à glaces et garnie de peluche. Style Louis XVI.

31 — Jolie Vitrine de forme cintrée, avec panneau en vernis Martin. Style Louis XV.

32 — Vitrine en poirier sculpté à deux portes garnis de vitraux.

33 — Belle Table-Bureau en acajou garnie de cuivre, Louis XV.

34 — Joli Bureau de dame en marqueterie. Style Louis XVI.

35 — Table à ouvrage en ébène avec incrustations d'ivoire.

36 — Table à ouvrage en bois rose. Style Louis XV.

37 — Table à ouvrage ovale en marqueterie.

38 — Table à ouvrage en bois de rose. Style Louis XV.

39 — Beau Casier à musique en noyer. Style Henri II.

40-41 — Deux Porte-Cartons en noyer.

42 — Beau Paravent en noyer sculpté et rehaussé d'or à trois feuilles garni de glaces, avec broderies, dentelles et rubans. Style Louis XV.

43 — Paravent en noyer sculpté et rehaussé d'or à trois feuilles. Broderies à fond de soie et paillettes. Style Louis XIV.

SIÈGES

44 — Chaise longue et Fauteuil bout de pied en noyer sculpté recouverts de soieries brochée à bouquets. Style Louis XV.

45 — Marquise Louis XV en noyer recouverte d'étoffe gros de Tours.

46 — Bergère et Fauteuil bout de pied en noyer sculpté rehaussé d'or recouverts d'étoffe broché vert olive et de soie. Style Louis XIV.

47 — Fauteuil et Chaise en bois doré et sculpté Louis XIV couverts en tapisserie d'Aubusson.

48 — Fauteuil et Chaise en acajou, couverts en tapisserie au petit point. Style Louis XVI.

49 — Fauteuil et Chaise en bois sculpté et doré recouverts d'étoffe de soie bleue de Sèvres. Style Louis XVI.

50 — Joli Fauteuil bout de pied en bois finement sculpté et doré Louis XVI, recouvert d'étoffe Droguet, modèle de Trianon.

51 — Joli Fauteuil bout de pied en noyer sculpté Louis XVI. Recouvert de soie brochée.

52 — Marquise en noyer sculpté rehaussé d'or, recouverte de velours de Gênes Louis XVI.

53 — Marquise Louis XV en noyer sculpté recouvert d'étoffe brochée verte à bouquets de fleurs.

54 — Bergère en noyer et gourgouran rose. Style
Louis XVI.

55 — Marquise en noyer et garnie d'étoffe gourgouran
et soie verte. Style Louis XVI.

56 — Fauteuil Chambord recouvert d'étoffe et soie brochée, garni de bronzes dorés avec colonnes à fleurs
lys.

57 — Deux Chaises vénitiennes couvertes en velours et
broderie de soie.

58 — Fauteuil Richelieu en velours et passementerie à
damier en soie rouge.

59 — Fauteuil Richelieu couvert de peluche cramoisie
galonné d'or.

60 — Fauteuil et Chaise Henri II, à pans, garnis de
velours ancien.

61 — Chaise Richelieu couverte en drap bleu et galon.

62 — Borne ovale couverte en velours cati frappé rouge.

63 — Fauteuil Colbert couvert d'étoffe Renaissance et
soie.

64 — Fauteuil Médicis en étoffe de lin rouge et galon
métal.

65 — Fauteuil Roshtchild couvert en étoffe jute imprimé.

66 — Chaise avec coussin, en étoffe fantaisie.

67 — Fauteuil Médicis couvert en velours de lin bleu
et garni de galon.

68 — Fauteuil Henri II en drap garni de galon.

69 — Fauteuil Vaucanson recouvert d'étoffe Gros de Tours saumon.

70 — Fauteuil Pommier garni d'étoffe de soie et peluche.

71 — Fauteuil Louis XVI couvert de soie et de peluche.

72 — Fauteuil confortable en étoffe gourgouran et peluche.

73 — Fauteuil coin de feu couvert de lampas bleu ton sur ton.

74 — Fauteuil Pompadour couvert de drap bleu et rampe en soie d'or.

75 — Canapé Henri II, à coffre en noyer, garni en cuir de Cordoue.

76 — Fauteuil et Chaises Louis XIII en noyer, garnis d'étoffe et tapisserie fond bleu.

77 — Fauteuil et Chaise en noyer Henri II, couvert de drap galonné.

78 — Fauteuil et Chaise Louis XIII en noyer recouverts d'étoffe vieux vert.

79 — Fauteuil et Chaise Henri II en bois noir couvert de tapisserie.

TENTURES DE FENÊTRES, PORTIÈRES
TAPIS

---

80 — Très beau Tapis de table en velours garni de soie et de broderies d'une grande finesse.

81 — Encadrement de porte en bois de noyer avec peinture. Style Renaissance.

82 — Portière en velours et soie rouge garnie de passementerie.

83 — Baie à l'italienne, bandeau en drap brodé, draperie jeté en peluche, un grand et un petit rideau en étoffe imitant la tapisserie.

84 — Portière double et bandeau en velours rouge garni de galons d'argent. Style Renaissance.

85 — Cantonnière sur caisson à bordure avec rideau à l'italienne et galerie.

86 — Chevalet garni de peluche bleue.

87 — Tenture de fenêtre en bure. Bordure à la Turgot. Style Renaissance.

88 — Tenture de fenêtre en drap bleu avec galon et bandeau.

89 — Tenture en bure à bordure et bandeau.

90 — Deux Tentures de fenêtres en étoffe imberline verte.

91 — Deux Stores plissés en étoffe tunisienne à bandeaux bleus et galons.

92 — Store plissé en Andrinople.

93 — Décor de fenêtre en étoffe et toile rouges à bordure cretonne.

94 — Fauteuil à double coussin garni de cretonne doublé de toile rouge.

95 — Six Stores plats en étoffe tunisienne à bandeau bleu.

96 — Tapis moquette à fond rouge uni.

97 — Tapis-Carpette serbe fond noir.

98 — Estrade pour armoire à trois portes garnies en étoffe bistre rouge.

99 — Trois Estrades garnies en étoffe bistre rouge et bordure.

100 — Estrade pour lit en étoffe bistre rouge.

TABLEAU

—

PRUD'HON

101 — Ulysse tendant son arc.

> Beau tableau.
> Signé.

Toile. H. 1^m30 ; L. 1^m60.

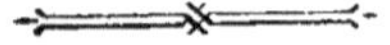